ARCO-ÍRIS JÚNIOR

CORES DE GATOS

APRESENTANDO CORES PARA MENTES JOVENS

POR RAINBOW ROY

ARCO-ÍRIS JÚNIOR

CORES DE GATOS

APRESENTANDO CORES PARA MENTES JOVENS

POR RAINBOW ROY

O arco-íris está
repleto de todos
os tipos de cores.

Juntos, exploraremos as cores e também aprenderemos sobre os gatos.

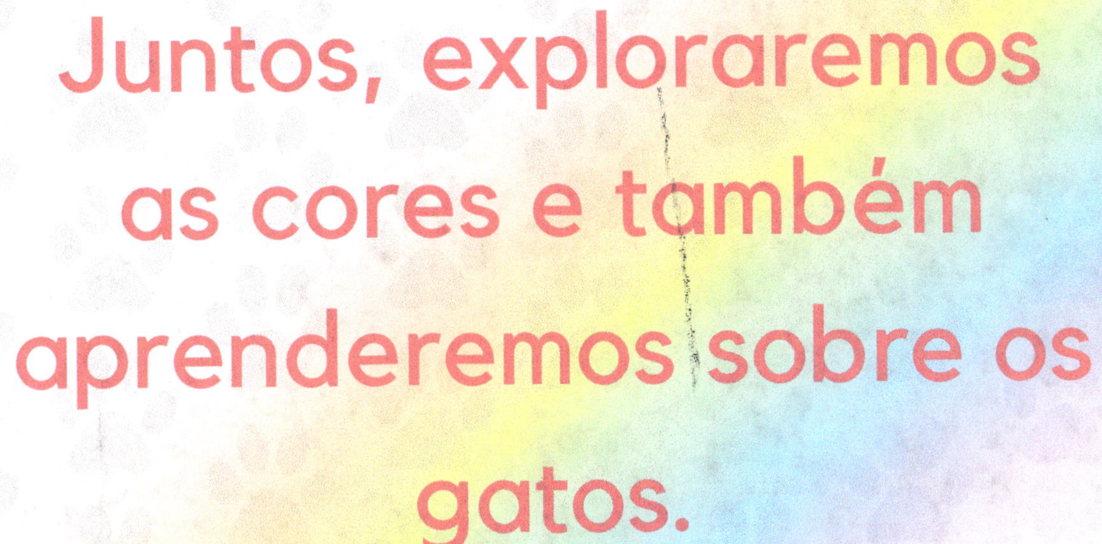

VERMELHO

Vermelho, como o gato abissínio.

LARANJA

Laranja, como um gato malhado.

AMARELO

Amarelo, como um gato siamês.

VERDE

Verdes, como os olhos de um gato egípcio Mau.

AZUL

Azul, como um
gato azul russo.

ÍNDIGO

Indigo, como este brinquedo de gato.

ROXO

Roxo, como a coleira deste gato.

Agora, vamos
dar uma olhada
em algumas
outras cores,
fora do arco-íris!

ROSA

Rosa, como um gato Sphynx.

MARROM

Marrom, como um gato de Bengala.

BRANCO

Branco, como um angorá turco.

PRETO

Preto, como um gato de Bombaim.

CINZA

Cinza, como um British Shorthair.

Agora vamos
ver o que você
aprendeu!

Qual é a cor desse gato?

Este gato é laranja e branco.

Qual é a cor desse gato?

Este gato é
cinza.

De que cor são os olhos desses gatos?

Seus olhos são
amarelos.

Você é tão esperto!
Continue sempre
aprendendo e nunca se
esqueça do seu amor
por aprender.